LE
VADE-MECUM

DE

L'ASSUREUR-VIE

(Complément du tarif)

PAR

ÉMILE FLEURY

Actuaire

DEUXIÈME ÉDITION

PARIS

DULAC, IMPRIMEUR-ÉDITEUR

(LIBRAIRIE DES ASSURANCES)

8, rue Lamartine, 8

LE
VADE - MECUM
DE
L'ASSUREUR-VIE

(Complément du tarif)

PAR

ÉMILE FLEURY

Actuaire.

DEUXIÈME ÉDITION

PARIS

L. DULAC, IMPRIMEUR-ÉDITEUR

(LIBRAIRIE DES ASSURANCES)

8, rue Lamartine, 8

INTRODUCTION

Éviter des correspondances inutiles, gagner du temps, c'est le but de ce petit livre. Il donne aux agents la facilité de tirer de leur tarif tout ce qu'il contient, et de donner à leur clientèle de nombreux renseignements sans avoir besoin d'en référer à la Compagnie. Par le temps qui court, où la concurrence est si active, un retard d'un jour ou deux peut souvent faire perdre une affaire, qu'une indication fournie à point aurait aidé à enlever.

Sous ses dimensions modestes, cet opuscule n'a pas la prétention de faire l'éducation des agents, et de remplacer les Instructions générales des Compagnies; il veut simplement prendre place dans la poche à côté du tarif, et donner au bon moment le conseil utile.

L'auteur ne pouvait naturellement engager les compagnies, aussi a-t-il laissé de côté les questions particulières à chacune d'elles; des blancs laissés à dessein permettront aux agents de compléter à la main les indications à retenir.

Un certain nombre de calculs n'y sont qu'approximatifs ; les agents devront donc se garder de les présenter comme définitifs, mais il sont toujours assez approchés pour ne pas amener de difficultés au moment de la signature du contrat.

Paris, 15 Janvier 1906.

GÉNÉRALITÉS

Ancien et nouveau tarif.

Le calcul des tarifs d'assurances est fait par des spécialistes nommés actuaires. Il repose sur la combinaison du calcul des probabilités avec le calcul des intérêts composés. Il exige comme bases fondamentales une table de mortalité et un taux d'intérêt.

La table de mortalité à employer diffère suivant les cas. Les assurés se divisent en deux grandes catégories, les assurés en cas de décès, qui ont à subir une visite médicale ; les assurés en cas de vie (en particulier les rentiers viagers), qui n'ont pas à subir de visite médicale. L'expérience prouve que les assurés en cas de décès ont une mortalité plus forte que les assurés en cas de vie, ce qui est assez naturel, puisque les assurés en cas de décès ont l'impression qu'il doivent se prémunir contre leur mort, tandis que les assurés en cas de vie ou les rentiers viagers ont l'impression qu'ils vivront longtemps. Cet écart des mortalités rend nécesssaire l'emploi de deux tables différentes.

Jusqu'en 1894, les Compagnies françaises se servaient de la table de Duvillard pour les assurances en cas de décès, et de la table de Deparcieux (quelque peu modifiée) pour les assurances en cas de vie ; elles se servaient en outre du taux d'intérêt de 4%. Mais on n'employait ces tables de mortalité que faute de mieux, et on avait pu constater qu'elles étaient inexactes ; de plus le taux de 4% devint manifestement trop élevé en présence du revenu des placements de premier ordre en France.

Aussi les Compagnies françaises, quelques unes dès le 1ᵉʳ Janvier 1894, d'autres un peu plus tard, mirent-elles en usage de nouveaux tarifs, basés sur le taux de 3 1/2 %, et sur deux tables de mortalité qu'elles avaient tirées elles-mêmes des observations faites sur leurs propres assurés, et qui présentent par conséquent toutes les garanties désirables d'exactitude.

Il y a donc dans les Compagnies d'assurances françaises, deux tarifs.

L'Ancien tarif, en vigueur seulement pour les affaires en cours depuis longtemps, basé sur le taux 4 %, et les tables Duvillard et Deparcieux.

Le Nouveau tarif, avec le taux de 3 1/2 % et les tables dites « des Assurés français ou A. F. » et « des Rentiers français ou R. F. ».

Ajoutons que toutes les Compagnies françaises ont actuellement le même tarif, et qu'il ne faudrait par conséquent pas se laisser démonter par l'assuré qui prétendrait avoir trouvé ailleurs des conditions plus avantageuses.

Notions sur les Réserves, les Réductions, les Rachats et les Avances.

Quand un propriétaire veut assurer sa maison contre l'incendie, il passe un contrat avec une Compagnie d'assurances, pour dix ans par exemple, et paye pendant ces dix ans une prime constante. En principe, l'assureur admet que la maison n'a pas plus de chances de brûler une année que l'autre, autrement dit que le risque est constant. Chaque prime annuelle couvre donc exactement le risque de l'année pour laquelle elle est payée et, quand cette année est écoulée, la prime a été absorbée en entier par le risque.

Supposons au contraire que le risque soit variable : pour simplifier les choses, soit une assurance de 5 ans d'un risque qui est de

1	pour	1,000	la première année	
1,50	—	—	deuxième	—
2	—	—	troisième	—
2,50	—	—	quatrième	—
3	—	—	cinquième	—

admettons que le capital assuré soit 100,000 francs. Si l'assuré payait chaque année la prime du risque, il devrait verser :

100	francs	la	première	année	
150		—	deuxième	—	
200		—	troisième	—	
250		—	quatrième	—	
300		—	cinquième	—	

soit au total 1,000 francs. Au lieu de payer cette prime croissante, il peut verser ses 1,000 francs en cinq ans par cinq versements égaux de 200 francs (en négligeant les questions d'intérêt). Ce versement sera trop fort pour les premières années, trop faible pour les dernières. Il faut donc que la Compagnie sache réserver sur les premières primes de quoi compléter les dernières ; qu'elle mette en **réserve** quelque chose, comme l'indique ce qui suit.

1re année, la Cie reçoit 200 francs, dépense pour le risque 100 francs, réserve 100 francs.

2e année, la Cie reçoit 200 francs, dépense pour le risque 150 francs, réserve 50 francs qui, ajoutés aux 100 francs de l'année précédente, donnent 150 francs.

3e année, la Cie reçoit 200 francs, dépense pour le risque 200 francs, la réserve ne change pas, et reste à 150 francs.

4e année, la Cie reçoit 200 francs, dépense pour le risque 250 francs, la réserve diminue de 50 francs et s'abaisse à 100 francs.

5e année, la Cie reçoit 200 francs, dépense pour le risque 300 francs, les 100 francs réservés précédemment disparaissent donc complètement.

Supposons maintenant que l'assuré au bout de la 3e année, cesse de payer ses primes. La compagnie a encore à son compte 150 francs. Pour assurer les risques des 4e et 5e années, il faudrait, nous l'avons vu 250 + 300 = 550 francs: la Compagnie peut admettre que les 150 francs lui permettent d'assurer une partie du risque égale à $100.000 \times \dfrac{150}{550} = 27.273$. C'est la *réduction*.

Il se passe quelque chose d'analogue dans l'assurance sur la vie. Supposons une assurance vie entière à primes viagères ; l'assuré paye toute sa vie la même prime annuelle ; le risque de la compagnie va en augmentant, car bien évidemment un un homme de 60 ans a bien plus de chances de mourir dans l'année qu'un homme de 25 ans ; il faut donc que la compagnie mette de côté des réserves. Ce sont ces réserves, calculées mathématiquement, qui amènent dans les compagnies l'accumulation des énormes capitaux de garantie dont elles parlent sur leurs prospectus.

Quand un assuré cesse de payer ses primes, sa réserve devient disponible ; la compagnie peut alors s'en servir pour constituer une assurance de même nature, de même durée, mais d'un capital plus petit qui constitue la **réduction**.

Pour qu'un contrat ait une valeur de réduction, il faut donc qu'il ait une réserve appréciable. C'est le cas général ; il y a cependant des exceptions. Dans l'assurance temporaire, les années où le risque de décès est grand sont exclues de l'assurance; le risque reste presque constant, la réserve mathématique est insignifiante : il n'y a pas de valeur de réduction. Dans les assurances de survie, quand le contrat vieillit, l'assuré vieillit, ce qui tend à augmenter le risque de la compagnie, mais le bénéficiaire vieillit aussi, ce qui tend à le diminuer : en pratique, le risque varie peu, la réserve est très petite, et les assurances de survie n'ont pas de valeur de réduction.

Au lieu de constituer sur la réserve un contrat réduit, la Compagnie peut payer à l'assuré une somme comptant : c'est le **rachat**. La valeur de rachat est donc en rapport avec la valeur de la réserve, c'est-à-dire avec ce qui reste des primes payées après déduction de la valeur du risque couru par la compagnie. C'est ce que les assurés ne voient pas toujours du premier coup. Si l'assuré payait chaque année exactement de quoi couvrir le risque couru cette même année par la Compagnie, il n'y aurait évidemment pas de valeur de rachat ; ils payent en réalité un peu plus ; c'est ce surplus seul qui donne lieu au rachat.

Certaines assurances sont susceptibles de réduction sans être susceptibles de rachat : ce sont celles dans lesquelles la compagnie n'est pas sûre d'avoir quelque chose à payer du fait de l'assurance. La compagnie ne peut pas remplacer la *possibilité* de payer quelque chose dans l'avenir par la *certitude* de payer de suite. De ce nombre sont les capitaux différés et les rentes différées.

sans contre-assurance, les dotales sans contre-assurance, les rentes viagères.

Les Compagnies, qui n'ont pas intérêt à voir leurs asssurés résilier leurs contrats, leur en facilitent la conservation en leur consentant des **avances**; ces avances sont naturellement gagées par la valeur de rachat du contrat; *elles en sont une fraction, variable suivant les Compagnies.*

La réduction, le rachat et les avances demandent certaines formalités pour lesquelles l'usage des compagnies diffère quelque peu. L'agent pourra noter sur les lignes qui suivent ce qu'il a à faire en ce cas.

Pièces ou renseignements à fournir à la Compagnie au moment de la demande de réduction :

Pièces ou renseignements à fournir à la Compagnie au moment de la demande de rachat.

Pièces à réclamer à l'assuré en effectuant le rachat.

Pièces ou renseignements à fournir à la Compagnie au moment de la demande d'avance.

Pièces à réclamer à l'assuré en effectuant le prêt.

Cessions. Changement de bénéficiaire.

Un contrat d'assurance est souvent employé maintenant pour obtenir un crédit, ou pour garantir un prêt ; l'assuré peut alors avoir à demander un *changement de la clause bénéficiaire à titre onéreux*

Dans ce cas, il est nécessaire :

1º d'envoyer le contrat en communication à la Compagnie.

2º d'indiquer la profession et l'adresse exacte du cessionnaire.

3º de dire s'il s'agit d'une cession en garantie ou en toute propriété, d'une cession totale ou partielle.

4º d'indiquer qui sera responsable du paiement des primes envers la Compagnie, cédant ou cessionnaire ;

5º de dire à qui appartiendra, éventuellement, le droit de disposer de la participation aux bénéfices.

Si l'assuré veut faire une *modification de la clause bénéficiaire à titre gratuit*, il faut.

1º envoyer le contrat en communication ;

2º indiquer bien exactement les noms, prénoms et adresses du ou des nouveaux bénéficiaires, de manière à ne laisser subsister aucune ambiguité sur l'attribution du bénéfice.

ASSURANCE POUR LA VIE ENTIÈRE.

Cette assurance ne donne lieu à aucun calcul, car les tarifs des Compagnies comprennent en général à la fois la prime unique, la prime annuelle viagère, et la prime temporaire pour toutes les durées utiles.

Remarquons cependant que par là même, elle fournit des éléments dont il sera possible de se servir à d'autres occasions.

Prenons par exemple une vie entière sans participation à l'âge de 35 ans.

La prime unique est 50,32 %.

La prime viagère est 2,76 %.

La prime temporaire de 15 ans est 4,48 %.

La prime temporaire de 20 ans est 3,73 %.

Toutes servent à payer un même engagement de la Compagnie; elles sont donc *équivalentes* et peuvent être remplacées l'une par l'autre.

Réduction des « vie entière à primes viagères ». — Cette valeur est incrite dans les tarifs et sur les polices même.

Rachat des « vie entière à primes viagères ». — Le prix de rachat n'est pas inscrit dans la police. Voici une règle approximative qui permet de donner une idée de sa valeur ; multiplier la valeur de réduction par l'âge de l'assuré au moment du rachat, diviser le résultat par 100. Cette règle s'applique aux vie entière sans participation, nouveau tarif.

Exemples. — 1° Rachat après 20 ans d'une vie entière primes viagères souscrite à 25 ans.

Valeur de réduction 43,82 %.

Age de l'assuré au moment du rachat 45.

Produit divisé par 100 $\dfrac{43,82 \times 45}{100} = 19,72$ (la vraie valeur est 20,39).

2° Rachat après 10 ans d'une vie entière primes viagères souscrite à 45 ans.

Valeur de réduction (45 après 10) 31,81 %.

Age de l'assuré au jour du rachat 55 ans.

Valeur approchée du rachat $\dfrac{31,81 \times 55}{100} = 17,50$.
(La vraie valeur est 17,46).

On se rappelle que du rachat, on peut facilement déduire l'avance. (Voir page 11).

ASSURANCES TEMPORAIRES

Cette assurance se présente rarement. Nous nous contenterons de traiter le problème suivant.

On connaît la prime annuelle d'une temporaire, calculer la prime unique.

Règle. — Multiplier la prime annuelle de la temporaire par la prime unique de vie entière au même âge, diviser le résultat par la prime annuelle de vie entière à primes temporaires, même âge, même durée.

Exemple. — D'après le tarif, la prime annuelle d'une temporaire de 10 ans à l'âge 35, est 1,90 %. Quelle serait la prime unique?

Prenons notre tarif de vie entière à prime unique: devant l'âge 35, nous trouvons 50,32. Multiplions $1,90 \times 50,32 = 95.608$.

Divisons ce résultat par la prime temporaire de 10 ans de vie entière, soit 6,07, nous obtenons $\frac{95.608}{6,07} = 15,75$, qui est la prime unique cherchée.

Explication. — On peut remplacer une prime de 6,07 temporaire de 10 ans (à l'âge 35) par une prime unique de 50,32, puisque toutes deux servent à payer le même *engagement de la Compagnie.*

On peut donc remplacer une prime de 1 franc, temporaire de 10 ans par une prime unique de $\frac{50,32}{6,07}$ et une prime de 1,90, temporaire de 10 ans,

par une prime unique de $\frac{50,32 \times 1,90}{6,07} = 15,75$.

L'assurance temporaire n'est susceptible ni de réduction, ni de rachat, ni d'avance.

ASSURANCE MIXTE

I — Mixtes sur une seule tête.

Il peut être intéressant, pour lutter contre la concurrence étrangère, de chercher à réduire le montant total des primes à payer sur une assurance. On peut y arriver en diminuant la durée de du paiement des primes, sans modifier la durée de l'assurance. Par exemple, faire payer une mixte de 20 ans par une prime temporaire de 15 ans seulement.

Problème. — Un assuré de 35 ans souscrit une mixte de 20 ans ; mais il ne voudrait payer de primes que pendant 15 ans ; quelle prime doit-on lui demander ?

Règle. — Multiplier la prime de mixte de 20 ans trouvée au tarif par la prime temporaire de 15 ans de vie entière, diviser le résultat par la prime temporaire de 20 ans de vie entière.

Voici le calcul :

La prime annuelle de mixte de 20 ans, à l'âge 35, est 4,75.

La prime temporaire de 15 ans de vie entière à l'âge 35 est 4,48.

Multiplions $4,75 \times 4,48 = 21,280$.

Divisons le résultat par la prime temporaire de 20 ans de vie entière $\dfrac{21.280}{3,73} = 5,71$ qui est la prime cherchée.

Remarque. — L'assuré qui paye 20 primes de 475 francs a payé en tout 9,500 francs : l'assuré qui paye 15 primes de 571 francs ne paye en tout que 8,565 francs : en outre ce dernier aura, en cas de cessation de payement, sa valeur de réduction calculée sur 15 primes à payer seulement.

Explication. — Les deux primes temporaires de vie entière servent à payer la même assurance (engagement par la compagnie de verser 100 francs au décès de l'assuré), donc elles sont équivalentes. Dès lors, le raisonnement est le suivant.

A 35 ans, une prime de 3,73, temporaire de 20 ans, peut être remplacée par une prime de 4,48 temporaire de 15 ans ;

donc une prime de 1 franc, temporaire de 20 ans, peut être remplacée par une prime de $\frac{4.48}{3,73}$ temporaire de 15 ans, et une prime de 4,73, temporaire de 20 ans, peut être remplacée par une prime de $\frac{4,48}{3,73} \times 4,73$, temporaire de 15 ans.

Bien entendu, ces exemples peuvent être variés selon les circontances. Disons cependant, à titre d'indication, qu'en cherchant la prime temporaire de 17 ans d'une mixte de 20 ans, ou en cherchant la prime temporaire de 21 ans d'une mixte de 25 ans, sans participation, on trouve à peu près la prime de mixte avec participation ; ce peut être une manière intéressante de garantir les résultats de la participation.

II. — Mixtes sur deux têtes.

Les Compagnies ne mettent en général dans leurs tarifs que des renseignements approximatifs sur cette combinaison, qui est pourtant assez usitée, et qui convient particulièrement pour l'assurance de deux associés, ou d'un ménage dans lequel mari et femme travaillent ensemble.

Voici un tarif exact et facile à manier pour les agents qui ne craignent pas un tout petit effort.

Le procédé consiste à remplacer les deux têtes d'âge différent par deux têtes de même âge. Pour obtenir l'âge commun, on ajoute à l'âge le moins élevé un nombre d'années donné par le tableau ci-dessous ; on détermine alors la prime par interpolation dans le tableau qui donne les primes annuelles de mixtes sur deux têtes du même âge.

Différence d'âge.	NOMBRE d'années à ajouter au plus jeune âge.	Différence d'âge.	NOMBRE d'années à ajouter au plus jeune âge.	Différence d'âge.	NOMBRE d'années à ajouter au plus jeune âge.
1	0,5	10	6,1	18	12,2
2	1 »	11	6,8	19	13,1
3	1,6	12	7,5	20	13,9
4	2,2	13	8,3	21	14,8
5	2,8	14	9 »	22	15,6
6	3,4	15	9,8	23	16,5
7	4 »	16	10,6	24	17,4
8	4,7	17	11,4	25	18,3
9	5,4				

MIXTES SUR DEUX TÊTES DE MÊME AGE

Sans participation dans les bénéfices

Age commun des assurés	DURÉE DE L'ASSURANCE				
	10	15	20	25	30
25	9,99	6,63	5,02	4,13	3,60
26	10,01	6,65	5,05	4,16	3,64
27	10,03	6,67	5,08	4,20	3,69
28	10,05	6,70	5,12	4,24	3,74
29	10,07	6,73	5,15	4,29	3,79
30	10,09	6,76	5,19	4,33	3,85
31	10,12	6,79	5,23	4,39	3,91
32	10,15	6,83	5,28	4,44	3,98
33	10,18	6,87	5,33	4,50	4,06
34	10,21	6,91	5,38	4,58	4,14
35	10,25	6,96	5,44	4,65	4,23
36	10,29	7,01	5,50	4,73	4,32
37	10,33	7,07	5,58	4,82	4,43
38	10,38	7,13	5,66	4,91	4,54
39	10,44	7,20	5,75	5,02	4,67
40	10,50	7,28	5,84	5,13	4,80
41	10,56	7,36	5,94	5,26	4,94
42	10,63	7,45	6,05	5,39	5,10
43	10,71	7,55	6,18	5,54	5,26
44	10,79	7,66	6,31	5,70	5,44
45	10,88	7,77	6,46	5,87	5,64
46	10,98	7,90	6,62	6,06	5,85
47	11,09	8,04	6,79	6,26	6,08
48	11,21	8,20	6,98	6,48	6,33
49	11,34	8,37	7,19	6,72	6,60
50	11,48	8,55	7,42	6,99	6,89

Exemple. — Mixte sans participation, durée 20 ; sur deux têtes d'âges 25 $^3/_4$ et 33 $^1/_4$.

Cherchons d'abord la différence d'âge :
$$33\ ^1/_4 - 25\ ^3/_4 = 7\ ^1/_2.$$

Pour 7 ans le nombre d'années à ajouter au plus jeune âge est 4 ; pour 8 ans, c'est 4,7, donc pour 7 $^1/_2$, c'est $\dfrac{4 + 4,7}{2} = 4,35.$

L'âge de remplacement est par suite $25,75 + 4,35 = 30,10.$

Une mixte de 20 ans sur deux têtes de 30 ans coûte (tableau page 20) 5,19

Une mixte de 20 ans sur deux têtes de 31 ans coûte 5,23

Différence 0,04
dont 1/10e c'est 0,004
donc une mixte de 20 ans sur 2 têtes de 30,1 coûte 5,194
que l'on arrondira à 5,19.

Remarque — Le procédé indiqué ne s'applique pas quand l'âge de remplacement est au-dessous de 25 ans ; il donne quelquefois des résultats trop faibles d'un centime quand l'un des deux âges est inférieur à 25 ans.

III. — Réduction, rachat des mixtes.

Réduction. — Règle. — Multiplier le capital assuré par le nombre des primes payées, diviser le résultat par le nombre des primes stipulées dans le contrat.

S'il y a eu des augmentations de capital, par suite de participation aux bénéfices, en ajouter le montant au nombre qu'on vient d'obtenir.

Rachat. — Règle. — Le rachat est la valeur escomptée de la réduction pour le temps qui reste à courir. Le taux d'escompte n'est pas partout le même ; il est en général de 5 % pour l'ancien tarif, de 4 % pour le nouveau.

Nous donnons ci-dessous un tableau de valeurs escomptées à 4 % et à 5 %, permettant de calculer ces rachats.

Exemple. — Rachat d'une mixte de 28 ans de durée totale, capital 15,000, après 9 primes payées et 9 années courues (nouveau tarif).

Valeur de réduction $15{,}000 \times \dfrac{9}{28}$.

Durée restant à courir 19 ans, donc rachat tableau de la page 23. 19 ans à 4 %) :

$$15000 \times \frac{9}{28} \times \frac{47{,}46}{100} \text{ soit } 2288.$$

Valeur escomptée d'un capital de 100 francs payable au bout d'un certain nombre d'années.

NOMBRE D'ANNÉES à courir	VALEUR ESCOMPTÉE		NOMBRE D'ANNÉES à courir	VALEUR ESCOMPTÉE	
	à 5 0/0	à 4 0/0		à 5 0/0	à 4 0/0
1	95,24	96,15	16	45,81	53,39
2	90,70	92,46	17	43,63	51,34
3	86,38	88,90	18	41,55	49,36
4	82,27	85,48	19	39,57	47,46
5	78,35	82,19	20	37,69	45,64
6	74,62	79,03	21	35,89	43,88
7	71,07	75,99	22	34,18	42,20
8	67,68	73,07	23	32,56	40,57
9	64,46	70,26	24	31,01	39,01
10	61,39	67,56	25	29,53	37,51
11	58,47	64,96	26	28,12	36,07
12	55,68	62,46	27	26,78	34,68
13	53,03	60,06	28	25,51	33,35
14	50,51	57,75	29	24,29	32,07
15	48,10	55,53	30	23,14	30,83

ASSURANCES A TERME FIXE.

Rappelons un point bien évident : dans le cas d'une terme fixe à prime unique, il n'y a pas lieu à visite médicale, puisque, au point de vue pécuniaire, la Compagnie n'est nullement affectée par la vie ou la mort de l'assuré.

Nous n'indiquons pas le tarif des termes fixes à prime unique ; il ne dépend pas de l'âge de l'assuré, mais il varie quelque peu suivant les Compagnies.

Les assurances à terme fixe se réduisent et se rachètent exactement comme les mixtes (v. p. 22).

ASSURANCES DOTALES ([1]).

On demande quelquefois la *prime unique d'une assurance dotale*.

Règle. — La prime unique d'une assurance dotale ne dépend pas de l'âge du contractant ; elle est égale à la prime unique d'un capital différé de même durée sur la tête de l'enfant, avec ou sans contre-assurance comme la dotale elle-même.

([1]. Voir page 33 les rentes dotales.

Exemples. — 1° Prime unique d'une dotale sans contre-assurance, contractant 31 $^3/_4$, enfant 1 $^1/_2$, durée 20.

L'âge du contractant n'a pas d'importance.

Capital différé sans contre-assurance, âge 1,

    durée 20, prime unique 45,37

Capital différé sans contre-assurance, âge 2,

    durée 20, prime unique 46,34

        Différence. 0,97

        dont la moitié est. 0,485

La prime unique cherchée est donc 45,37 + 0,485 = **45,855**.

2° Prime unique de dotale avec contre-assurance, contractant 39 $^3/_4$, enfant 2 ans, durée 23 ans.

Nous ne nous occupons pas de l'âge du contractant. A l'âge 2 pour la durée 23, la prime unique de capital différé avec contre-assurance est **46,64** $°/_0$; c'est aussi la prime que nous cherchons.

Explication. — Ce qui caractérise la dotale, c'est que le paiement des primes repose sur la tête du contractant; si la prime se paye en une seule fois, elle ne repose plus sur la tête de personne, on n'est plus en présence d'une dotale, mais d'un capital différé.

Réduction. — La réduction, comme pour les mixtes, s'obtient en multipliant le capital primitif par le nombre de primes payées, puis divisant le résultat par le nombre de primes stipulées.

Rachat. — Les dotales sans contre-assurance ne se rachètent pas : la compagnie ne peut en effet payer quelque chose pour une somme qu'elle n'aura peut-être jamais à débourser.

La dotale avec contre-assurance, où la Compagnie est sûre d'avoir au moins à payer le remboursement des primes, se rachète ; le prix de rachat est ordinairement la valeur escomptée du montant des primes versées pour la durée qui reste à courir : on le calculera donc facilement en se reportant à notre tableau de valeurs escomptées (p. 23).

ASSURANCES COMBINÉES.

L'assurance combinée est, comme son nom l'indique, une *combinaison* de deux assurances : vie entière à primes temporaires et rente différée. Elle est *bon marché* pour les avantages qu'elle procure et peut servir à lutter contre les combinaisons étrangères.

La combinée de durée inférieure à 20 ans est peu pratique, et, sauf dans des cas très particuliers, les agents qui penseraient à s'en servir se heurteraient à des difficultés.

I. — Prime unique.

Problème. — Trouver la prime unique d'une combinée.

Règle. — Multiplier la prime annuelle de la combinée par la prime unique de vie entière au même âge, diviser le résultat par la prime temporaire de même durée de vie entière, au même âge.

Exemple. — Prime unique d'une combinée de 20 ans à l'âge 30.

La prime annuelle de combinée de 20 ans à l'âge 30 est 6.27.

La prime unique de vie entière, à l'âge 30 (sans participation) est 46.54.

Multiplions : $6,27 \times 46,54 = 291.8058$.

La prime temporaire de 20 ans de vie entière (sans participation) à l'âge 30, est 3,39.

Divisons $\dfrac{291,8058}{3,39} = 86,08$, qui est la prime unique cherchée.

Explication. — A l'âge 30, une prime temporaire de 20 ans de 3,39 équivaut à une prime unique de 46,54.

Donc une prime temporaire de 1 franc correspond à une prime unique de $\dfrac{46,54}{3,39}$, et une prime temporaire de 6,27 équivaut à une prime unique de $\dfrac{46,54 \times 6,27}{3,39} = 86,08$.

Naturellement, cette assurance donne droit aux mêmes options à l'échéance que la combinée à prime annuelle.

II. — Modifications de la combinée.

On peut, en associant une combinée et une vie entière à primes temporaires (sans participation), dans des proportions convenables, obtenir une combinée spéciale, dans laquelle la rente à l'échéance n'est qu'une fraction de la prime annuelle, et qui devient par suite sensiblement moins chère que la combinée ordinaire.

Nous traiterons ce problème sur un exemple.

Combinée spéciale, âge 35, durée 20, rente à l'échéance égale à 80 % de la prime annuelle.

A l'âge de 35 ans, pour la durée 20 ans la prime annuelle de combinée est 6,16 % la prime annuelle temporaire de vie entière est 3,73 %.

Cherchons le capital assuré par une prime de 100 francs dans cette combinée spéciale. La rente à l'échéance sera 80 francs ; la prime de combinée ordinaire comprise dans 100 francs est donc 80 francs, assurant $\dfrac{80 \times 100}{6,16} = 1299$ francs ; les 20 francs qui restent assurent en vie entière à primes temporaires $\dfrac{20 \times 100}{3,73} = 536$. Le capital total assuré au décès par une prime de 100 francs est donc $1.299 + 536 = 1.835$. Puisque pour assurer un capital de 1,835 francs il faut une prime annuelle de 100 francs, pour assurer un capital de 10,000 francs, il faut :

$$\frac{100}{1.835} \times 10.000 = 545 \text{ francs, soit } 5,45\ \%.$$

On peut facilement calculer les options de cette combinée modifiée :

Elle donne droit à l'échéance à un contrat libéré de 10,000 francs et à une rente viagère de $545 \times 0,8 = 436$ ce qui constitue une des options.

D'après le tarif de la combinée ordinaire, on peut, à l'échéance, remplacer l'option, rester assuré pour 10,000 francs, et recevoir 616 francs de rente, par l'option, rester assuré pour 10,000 fr. et toucher 8,166 francs ; c'est donc qu'une rente de 616 francs à l'échéance peut se remplacer par un capital de 8,166 francs ; la rente de 436 francs peut donc être remplacée par un capital de

$$\frac{8,166 \times 436}{616} = 5.780.$$

Dans la combinée ordinaire, on peut, à l'échéance, résilier le contrat et recevoir comptant 14,626 fr. ; dans cette somme, 8,166 est le rachat de la rente viagère, et le reste, soit $14.626 - 8.166 = 6.460$ est le rachat de la vie entière de 10.000 francs.

Les options de la combinée spéciale seront donc 1º rester assuré pour 10,000 francs et recevoir une rente viagère de 436 francs ; 2º ou bien rester assuré pour 10,000 francs et recevoir un capital de 5,780 francs. 3º ou bien résilier le contrat et toucher.

$$5,780 + 6,460 = 12,240 \text{ francs.}$$

III. — Réduction et rachat.

Réduction. — La valeur de réduction s'obtient en multipliant le capital assuré par le nombre de primes payées, et divisant le résultat par le nombre de primes stipulées. Les options à l'échéance sont réduites de la même manière.

Rachat. — Règle. — Pour avoir le prix de rachat, on multiplie la valeur de réduction par la valeur d'un capital de 100 francs payable au décès de l'assuré. Pour avoir cette valeur, on cherche dans le tarif une combinée finissant à l'âge qu'a l'assuré au moment du rachat, et on retranche de l'option, résilier et toucher..... le capital comptant de l'option rester assuré pour 10,000 francs et toucher un capital de......

Exemple. — Rachat après 10 ans courus d'une combinée de 20 ans, capital 20,000 francs, souscrite à l'âge 30 ans.

$$\text{La réduction est } \frac{20.000 \times 10}{20} = 10.000.$$

L'assuré a 40 ans. Prenons la combinée de durée 20, âge initial 20, qui finit à 40 ans : l'option résilier et toucher est 171.85 %, l'option rester assuré et toucher est 121.54 %, différence 50.31 %.

Donc la valeur de 1 franc payable au décès d'une tête de 40 ans, est 0.5031 et le rachat de notre combinée est 10.000 × 0,5031 = **5.031.**

CAPITAUX DIFFÉRÉS.

Les tarifs donnent à la fois la prime unique et la prime annuelle. Donc, pas de calculs à faire.

Réduction. — La valeur de réduction s'obtient en multipliant le capital assuré par le nombre de primes payées, et divisant ensuite le résultat par le nombre de primes stipulées.

Rachat. — Les capitaux différés *sans* contre-assurance ne se rachètent pas.

Les capitaux différés *avec* contre-assurance se rachètent suivant un procédé détaillé en général dans la police même.

RENTES DIFFÉRÉES AVEC CONTRE-ASSURANCE
(sur une seule tête)

Règle (donnant des résultats très approchés). — Pour avoir la prime, unique ou annuelle, de 100 fr. de rente différée avec contre-assurance, multiplier la prime, unique ou annuelle, suivant le cas, de 1 franc de capital différé avec contre-assurance, même âge, même durée, par le prix de 100 francs de rente, à l'âge que l'assuré aura à l'échéance ; diminuer le résultat de 3 %.

Exemples : 1° — Rente semestrielle, différée de 20 ans, avec contre-assurance, âge initial 30 ans ; prime unique ?

La prime unique de capital différé avec contre-assurance âge 30, durée 20 est 50,87 %.

Age à l'échéance 50 ans ; le prix de 100 francs de rente à 50 ans est 1545,44.

Produit : 1545,44 × 0,5087 = 786,17

Enlevons 3%. 23,59

Reste. 762,58

2° — Rente trimestrielle, différée de 15 ans, âge 36 1/4, avec contre-assurance ; prime annuelle ?

Capital différé avec contre-assurance âge 36, durée 15, prime annuelle 5,20 % ; âge 37, durée 15, prime annuelle 5,20 %. Donc la prime annuelle, à l'âge 36 1/4 pour la durée 20, est aussi 5,20 %.

L'âge de l'assuré à l'échéance sera 36 1/4 + 15 = 51 1/4. Le prix de 100 francs de rente trimestrielle à 51 1/4 est 1514,48.

Produit 1514,48 × 0,0520 = 78,75

Retranchons 3 %. 2,36

Reste . . . . 76,39 qui est la prime annuelle de 100 francs de rente différée, à l'âge 36 1/4, pour la durée 15, avec contre-assurance, c'est-à-dire avec remboursement des primes versées si l'assuré vient à mourir avant la fin de la période de 15 ans.

RENTES DOTALES.

Un arrêt récent de la Cour d'appel de Paris décide que la constitution d'une rente viagère au profit d'un tiers, avec clause d'incessibilité, et d'insaisissabilité, est parfaitement légitime. Dans ces conditions, l'assurance dotale sera dans certains cas avantageusement remplacée par l'assurance d'une rente dotale commençant par exemple à la majorité de l'enfant, et donnant au contractant la certitude que, quoi qu'il arrive, sans aliénation et sans dissipation possible, il aura assuré l'existence de l'enfant. Voici le moyen de calculer la prime d'une telle assurance, et un exemple.

Règle. — Pour calculer la prime annuelle d'une rente dotale (avec ou sans contre-assurance), multiplier la prime annuelle d'assurance dotale, mêmes âges, même durée, (avec ou sans contre-assurance suivant le cas) par le prix de 100 francs de rente, à l'âge que l'enfant aura à l'échéance ; diminuer le résultat de ce calcul de 3 °/₀.

Cette règle donne des résultats très approchés.

Exemple. — Rente dotale avec contre-assurance, semestrielle ; contractant 41 ans, bénéficiaire 7 ans ; durée 14 ans.

La prime annuelle de dotale avec contre-assurance contractant 41 ans, durée 14 ans : est 6,46 °/₀.

L'enfant aura à l'échéance $7 + 14 = 21$ ans.

Le prix de 100 francs de rente semestrielle à 21 ans est 2258,91.

Produit $2258,91 \times 0,0646 = 145,93$

Retranchons 3 % 4,38

Reste 141,55

Donc, en payant 141,55 francs par an le contractant assure au bénéficiaire une rente de 100 francs à toucher par semestre, à partir de l'âge de 21 ans, rente que le contractant peut rendre incessible et insaisissable par une simple déclaration insérée dans la police. Si le contractant meurt, fût-ce après le paiement d'une seule prime, il n'y a plus rien à payer, et la Compagnie commencera cependant à servir la rente à l'échéance. Si au contraire l'enfant venait à mourir avant l'échance, la Compagnie rembourserait les primes reçues par elle (sans addition d'intérêt).

RENTES VIAGÈRES IMMÉDIATES.

I. — Petits problèmes.

Règles et exemples.

1° — Pour avoir le prix de 100 francs de *rente payable par année*, retrancher 25 francs du prix de 100 francs de rente payable par semestre.

Exemple. — Prix de 100 francs de rente payable par année sur une tête de 53 3/4.

Le prix de 100 francs de rente payable par semestre est 1412,57, le prix cherché est donc.

$$1412,57 - 25 = 1387,57.$$

2° — Pour avoir le prix de 100 francs de *rente payable par mois,* ajouter 20 fr. 83 au prix de 100 francs de rente payable par semestre.

Exemple. — Prix de 100 de rente payable par mois, sur deux têtes de 51 et 57.

Le prix de 100 francs de rente payable par semestre est 1738,23, le prix cherché est donc.

$$1738,23 + 20,83 = 1759,06.$$

3° — Pour avoir le prix de 100 francs de *rente anticipée,* ajouter au prix de la rente ordinaire le produit de 100 francs par l'anticipation exprimée en fraction d'année.

Exemple. — Prix de 100 francs de rente, payable par semestre, sur une tête de 53 3/4, le premier semestre devant-être payé dans 4 mois et demi.

Dans 4 mois et demi au lieu de 6 mois, il y a donc anticipation de 1 mois 1/2 ou $\frac{1}{8}$ d'année ; le prix est par suite

$$1412,57 + \frac{100}{8} = 1425,07.$$

II. — Prix d'une rente de 100 francs sur deux têtes, réductible de façon quelconque au décès de l'une des deux têtes.

Règle absolument générale. — Assurer sur chaque tête *seule* la rente qui doit disparaître à son décès ; assurer le complément à 100 francs en rente sur deux têtes ; faire le total.

Exemples : 1°. — Rente de 100 francs semestrielle, réductible de moitié au premier décès, sur deux têtes de 51 et 54 ans.

50 francs disparaissent au décès de 51, prenons 50 francs à 51 ans ; ce qui coûte $1510,80 \times 0,50 = 755,40$.

50 francs disparaissent au décès de 54, prenons 50 francs à 54 ans, ce qui coûte $1.403,53 \times 0,50 = 701,77$.

Le total des rentes fait 100 francs, donc, rien à prendre sur deux têtes ; le prix cherché est :
$$755,40 + 701,77 = 1457,17.$$

2°. — Rente de 100 francs, semestrielle, sur deux têtes de 51 et 54, réductible à 80 francs en cas de prédécès seulement de la tête de 54 ans.

20 francs disparaissent au décès de 54 ans, prenons donc 20 francs à 54 ans, ce qui coûte $1403,53 \times 0,20 = 280,71$. Rien ne disparaît au décès de 51 ans, ne prenons rien sur sa tête seule ; et prenons par suite tout le reste, soit 80 francs, sur les deux têtes réunies, ce qui coûte $1785,53 \times 0,8 = 1428,42$.

Total 1428,42 $+$ 280,71 $=$ 1709,13.

Le prix cherché est 1709,13.

3°. — Rente de 100 francs, semestrielle, sur deux têtes de 51 et 54 réductible à 80 francs en cas de prédécès de la tête de 54 ans et à 60 francs en cas de prédécès de la tête de 51 ans.

20 francs disparaissent au décès de 54 ans, prenons 20 francs à 54 ans, ce qui coûte 1403,53 $\times$ 0,20 $=$ 280,71.

40 francs disparaissent au décès de 51 ans, prenons 40 francs à 51 ans, ce qui coûte 1510,80 $\times$ 0,40 $=$ 604,32.

Nous avons déjà en tout 60 francs, prenons donc 40 francs sur les deux têtes réunies, ce qui coûte 1785,53 $\times$ 0,40 $=$ 714,21.

d'où pour le prix cherché.

280,71 $+$ 604,32 $+$ 714,21 $=$ 1599,24.

RENTES DIFFÉRÉES SUR DEUX TÊTES.

Rendre une rente sur deux têtes réductible, c'est un moyen de la faire coûter moins cher ; il y en a un autre, qui consiste à différer l'entrée en jouissance. Nous ne parlons pas des rentes différées sur une seule tête, qui figurent dans les tarifs (voir cependant page 31 les rentes différées avec contre-assurance).

Appelons seulement l'attention sur ce point trop souvent oublié ; c'est *l'entrée en jouissance de la rente qui est différée*. Pour avoir le temps au bout duquel le premier terme est payable, il faut ajouter au différé la durée du premier terme de la rente. Ainsi une rente semestrielle différée d'un an a son premier terme payable au bout de 18 mois (1 an de différé et un semestre) ; une rente trimestrielle différée de 6 mois a son premier terme payable au bout de 9 mois (6 mois de différé et un trimestre).

Les calculs de rentes différées sur deux têtes sont assez longs et nécessitent d'avoir recours à la Compagnie, sauf les cas indiqués ci-dessous.

Rentes viagères sur deux têtes, différées de 0 à 5 ans, à prime unique.

Règle. — Pour avoir le prix *approximatif* de 100 francs de rente différée de 4 à 5 ans sur deux têtes, retrancher du prix de 100 francs de rente immédiate

103 francs pour une rente différée d'un an.

203 francs pour une rente différée de 2 ans.

300 francs pour une rente différée de 3 ans.

393 francs pour une rente différée de 4 ans.

483 francs pour une rente différée de 5 ans.

Le résultat obtenu ainsi sera modifié par la compagnie, mais toujours assez peu pour que la réalisation de l'affaire n'en soit pas entravée.

Si on a une durée de différé fractionnée, on interpolera entre deux durées entières consécutives.

Exemple 1º — Prix d'une rente semestrielle différée de deux ans sur deux têtes de 51 et 54.

Prix de la rente immédiate 1,785 fr. 53.

Prix de la rente différée de 2 ans.

1,785 fr. 53 — 203 = 1,582 fr. 53 (environ).

Exemple 2º — Quel différé employer pour obtenir un taux de 6 °/₀ sur deux têtes de 51 et 54, rente semestrielle.

Le taux de 6 °/₀ correspond pour 100 francs de rente au prix de $\dfrac{100 \times 100}{6} = 1,666$ fr. 67.

Il faut donc gagner par l'effet du différé.

1.785 fr. 53 — 1666 fr. 67 = 118 fr. 86.

Un an de différé gagne 103 francs, reste à gagner sur la deuxième année **15,86**. Or, la deuxième année toute entière nous ferait gagner 203 — 103 = 100,

il suffit donc d'en employer les $\dfrac{15,86}{100}$ soit un nombre de jours égal à $\dfrac{15.86 \times 360}{100} = 57$ jours.

La réponse est donc : il faut un différé de 1 an, 1 mois, 27 jours. Le calcul de la Compagnie pourra modifier ce résultat de 3 à 4 jours au plus.

Rente différée sur deux têtes réductible. — Ce calcul se fait exactement comme celui des rentes immédiates réductibles mais en opérant bien entendu sur des prix de rentes différées (voir page 36).

PROBLÈME DU TAUX

On connait la prime de 100 francs de rente, déterminer, *sans faire de division*, le *taux* auquel correspond ce prix.

Ce problème est possible dans un très grand nombre de cas, grâce aux nombreux taux mis dans les tarifs en regard du prix de 100 francs de rente.

Traitons un exemple. Nous avons vu qu'une rente différée d'un an sur deux têtes de 51 et 54 coûte 1582,53. Quel est le taux correspondant ?

Feuilletons notre tarif de rentes viagères et cherchons deux nombres qui encadrent 1582,83. Nous trouvons 1582,30 en face du taux 6,32 (pour la rente immédiate sur 2 têtes de 53 et 66, payable par trimestres) et 1583,02 en face du taux de 6,32, (pour la rente semestrielle sur deux têtes de 51,72) il n'y a donc pas de doute, le taux est de 6,32 °/₀.

Dans certains cas, les deux taux « encadrants » différeront entre eux d'un centime ; on connaîtra donc le taux annuel à 1 centime près, ce qui suffit largement.

TABLE DES MATIÈRES

NOTES

NOTES

NOTES

NOTES

NOTES

NOTES

NOTES